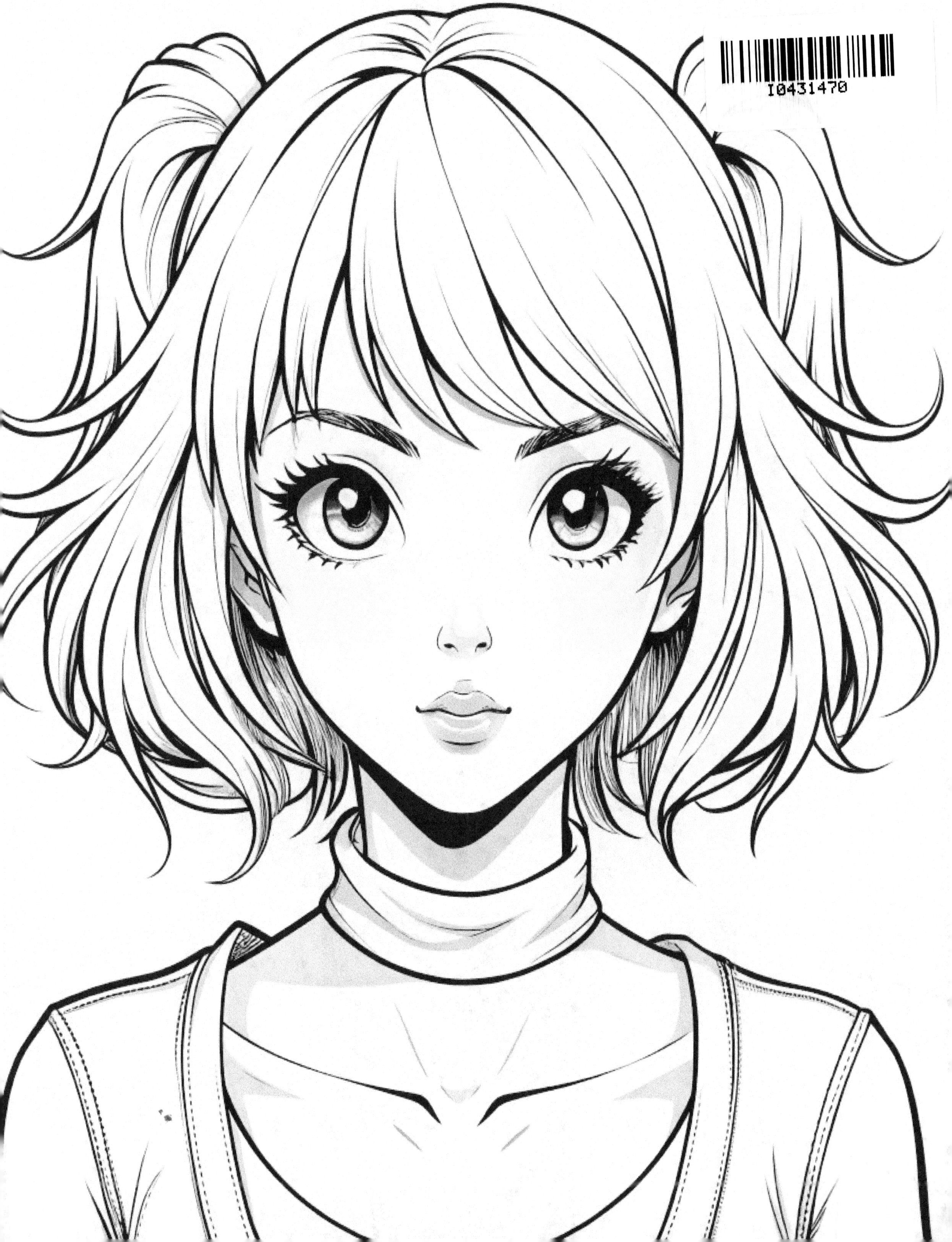

I0431470

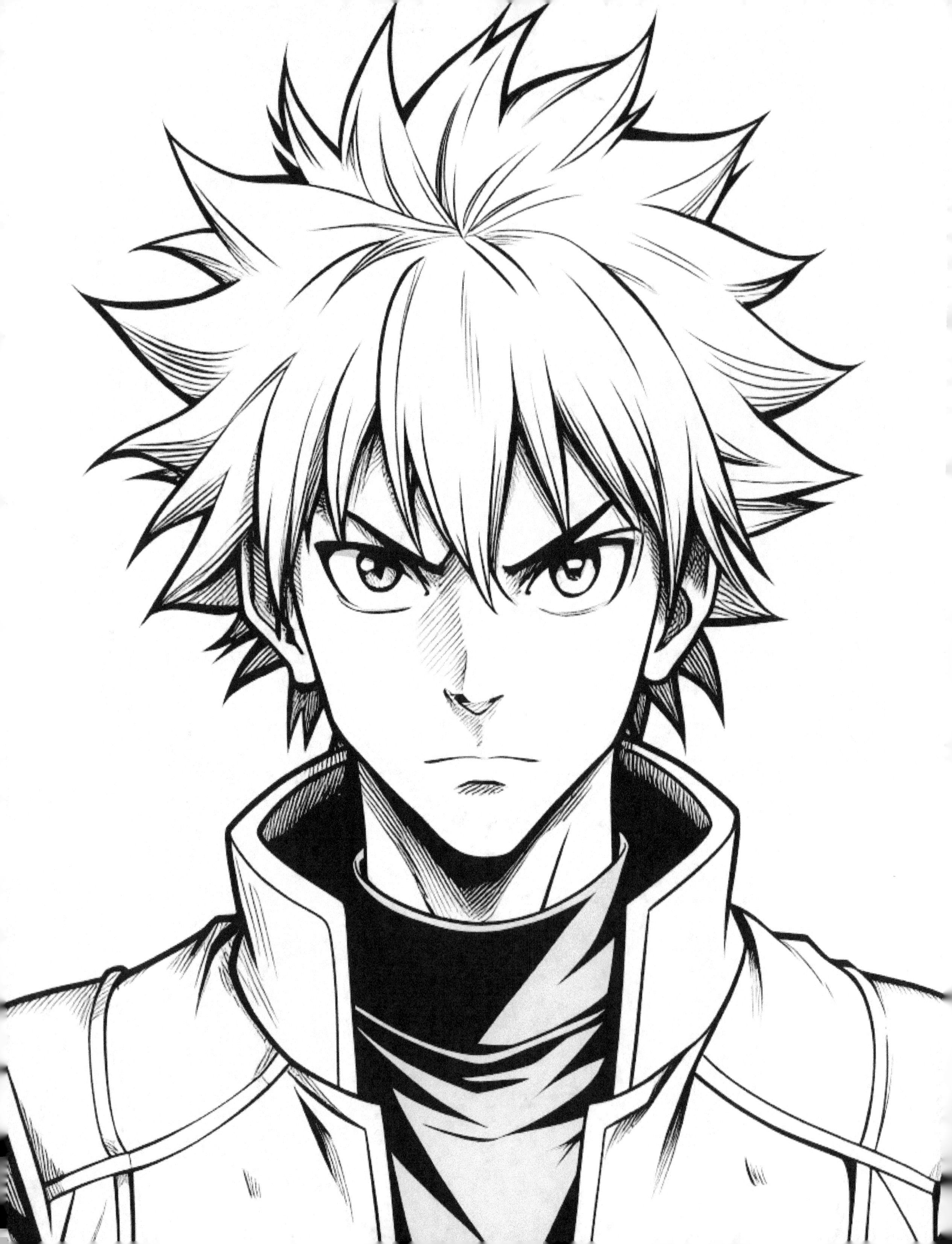

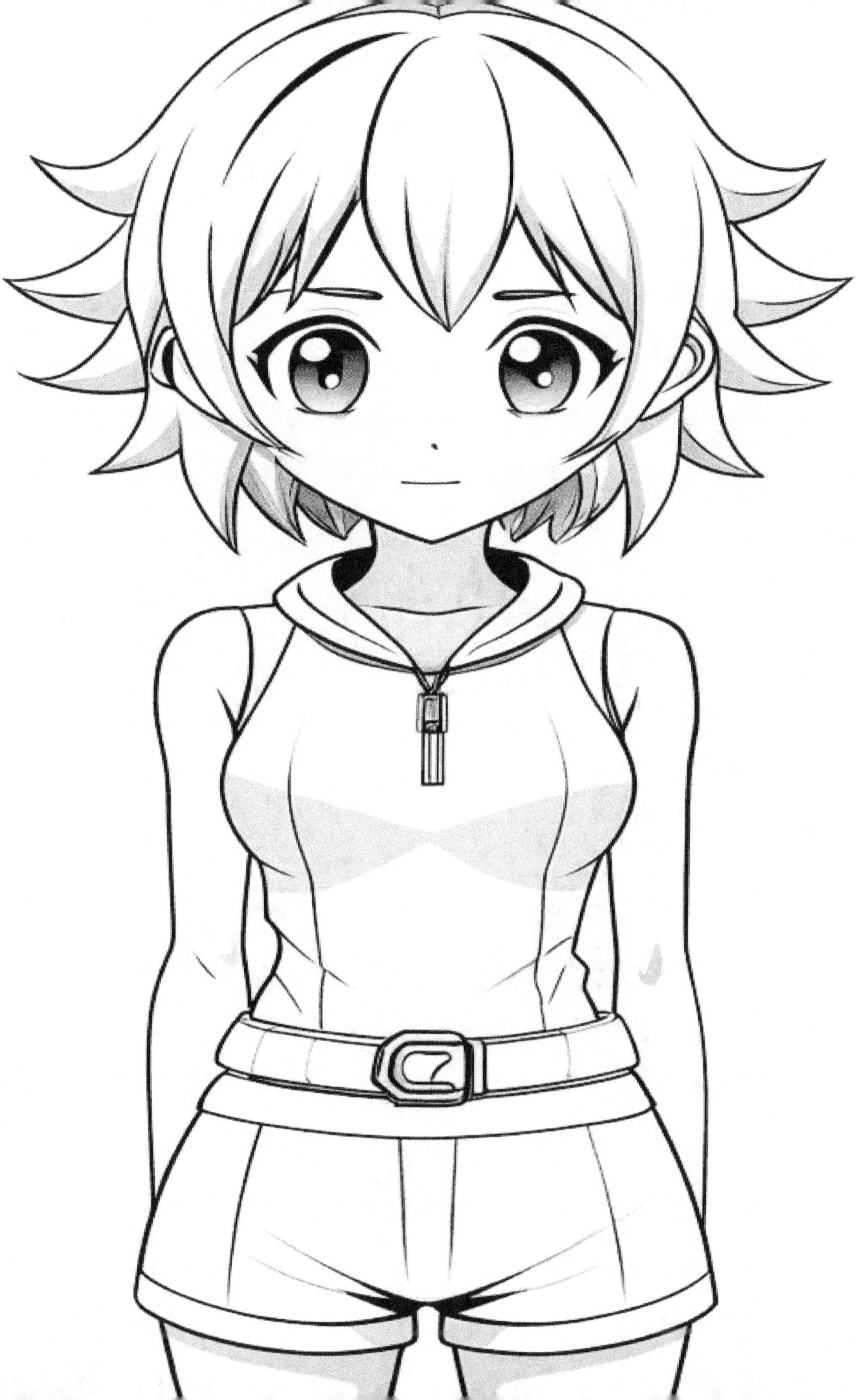

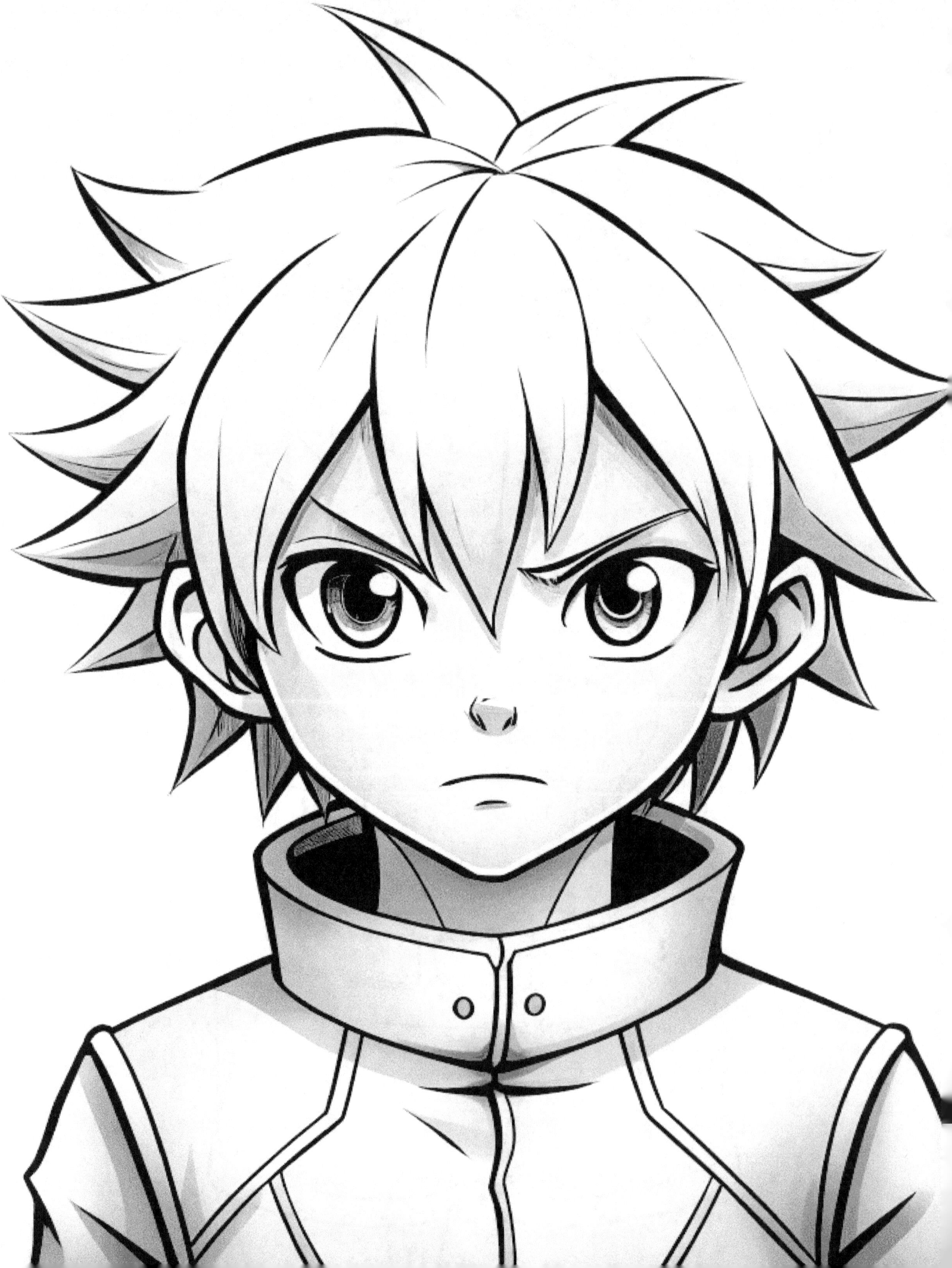

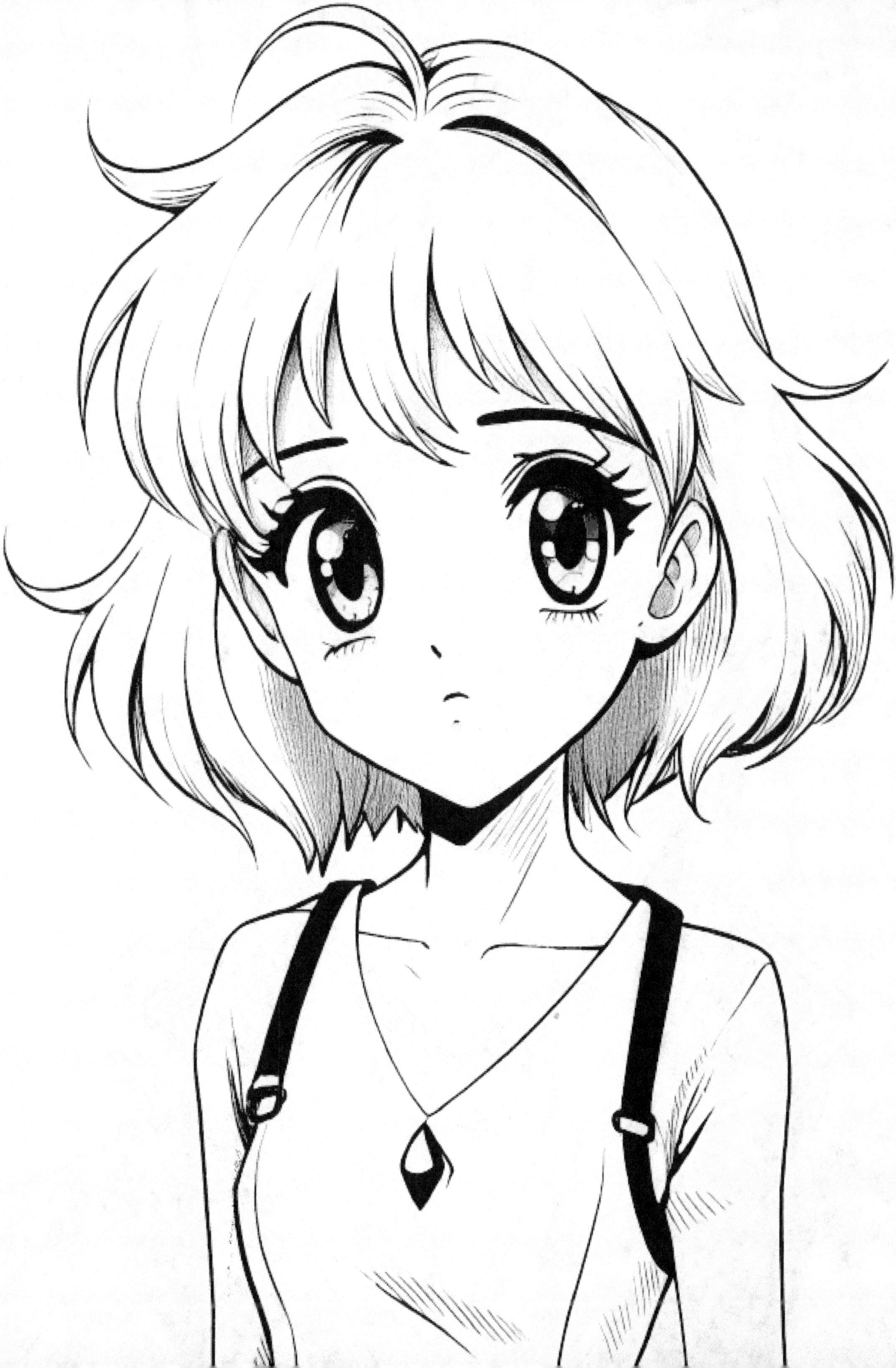

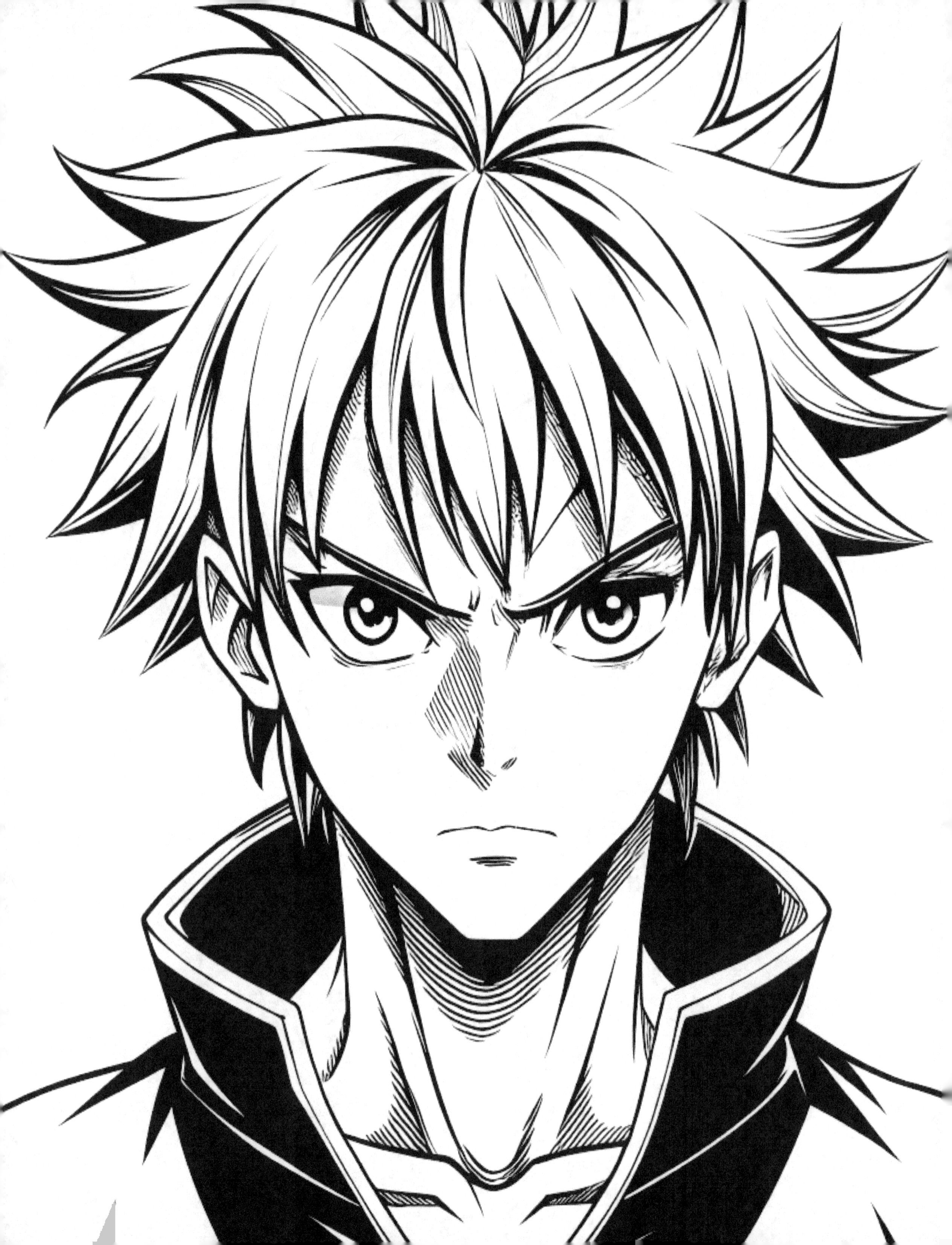

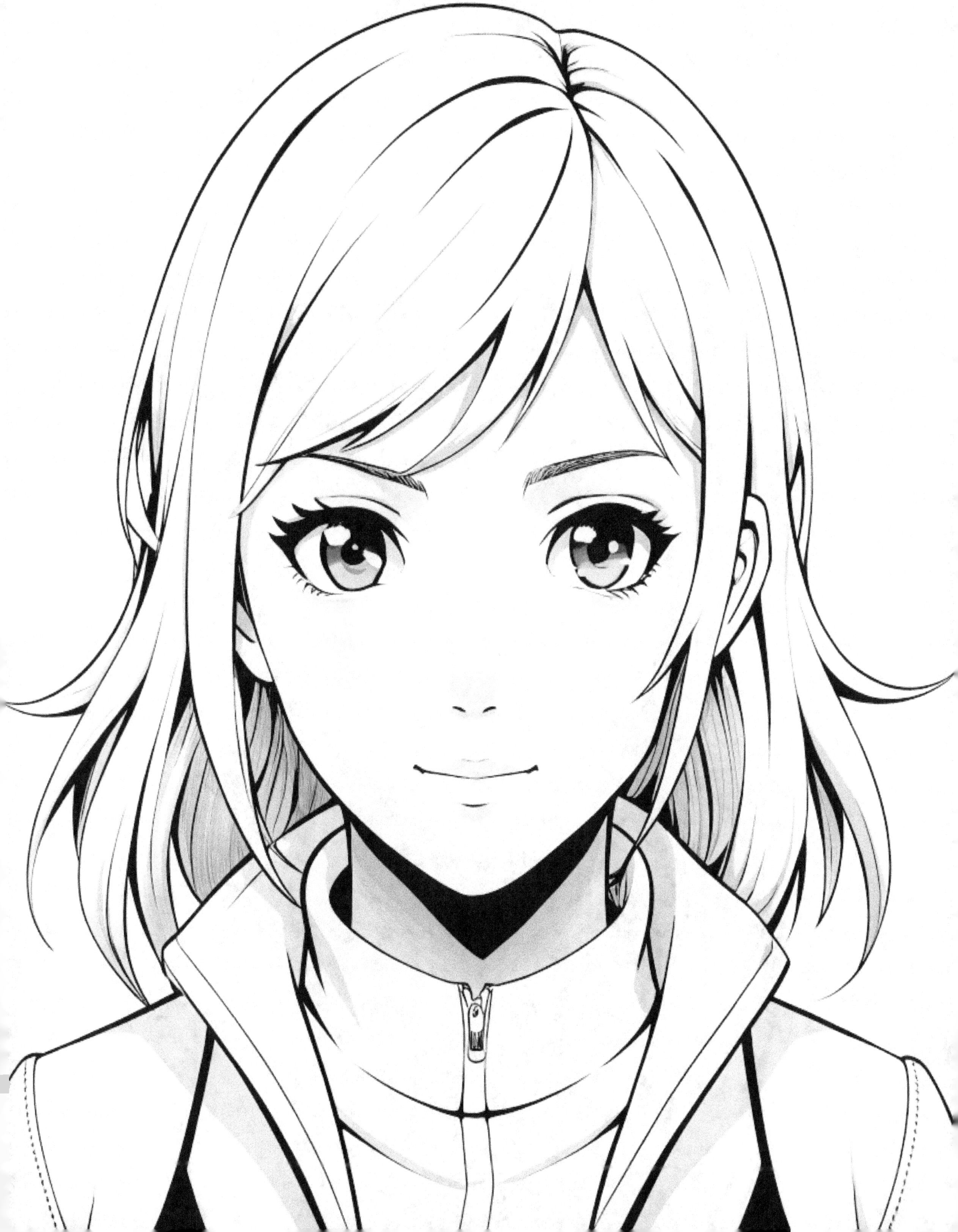

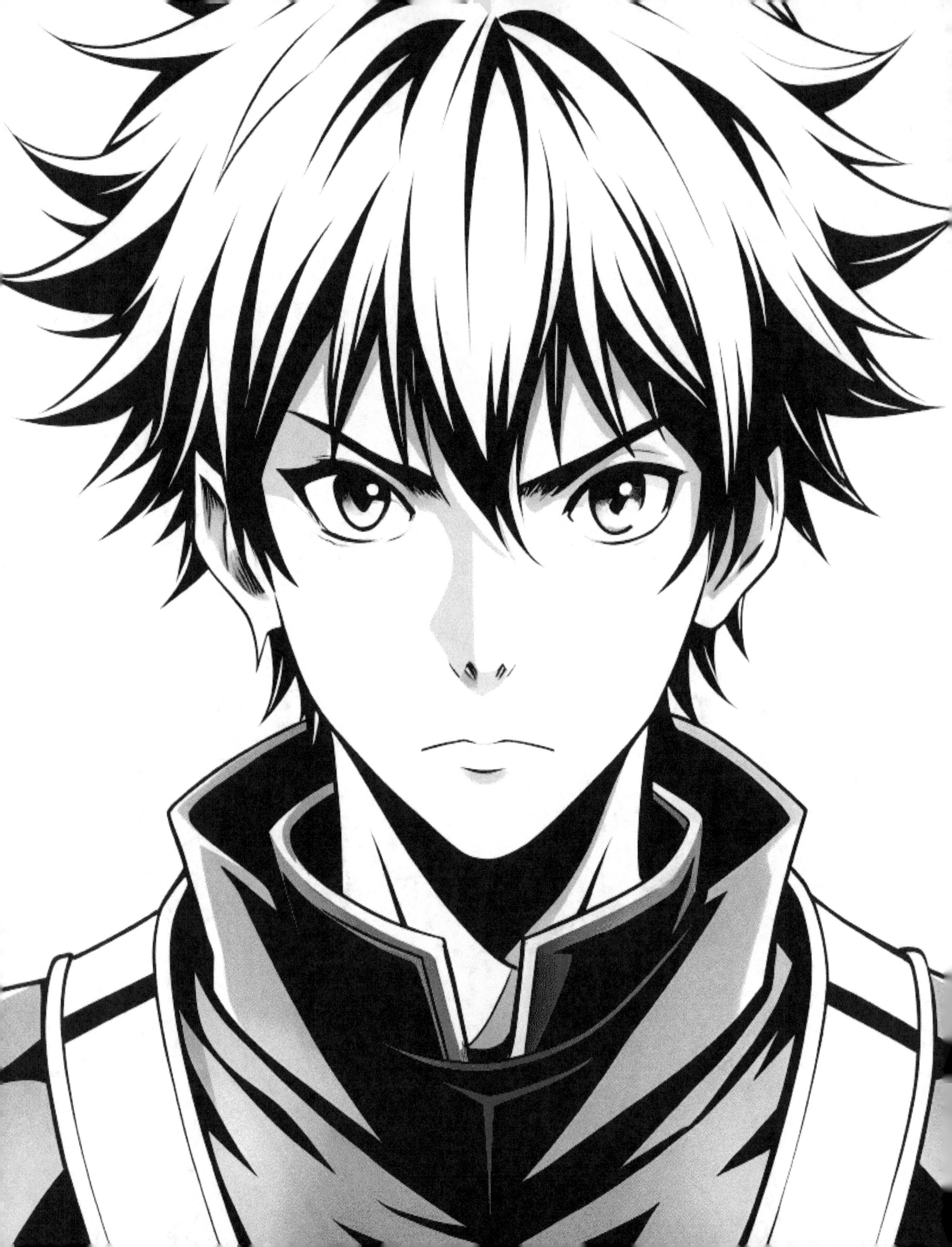

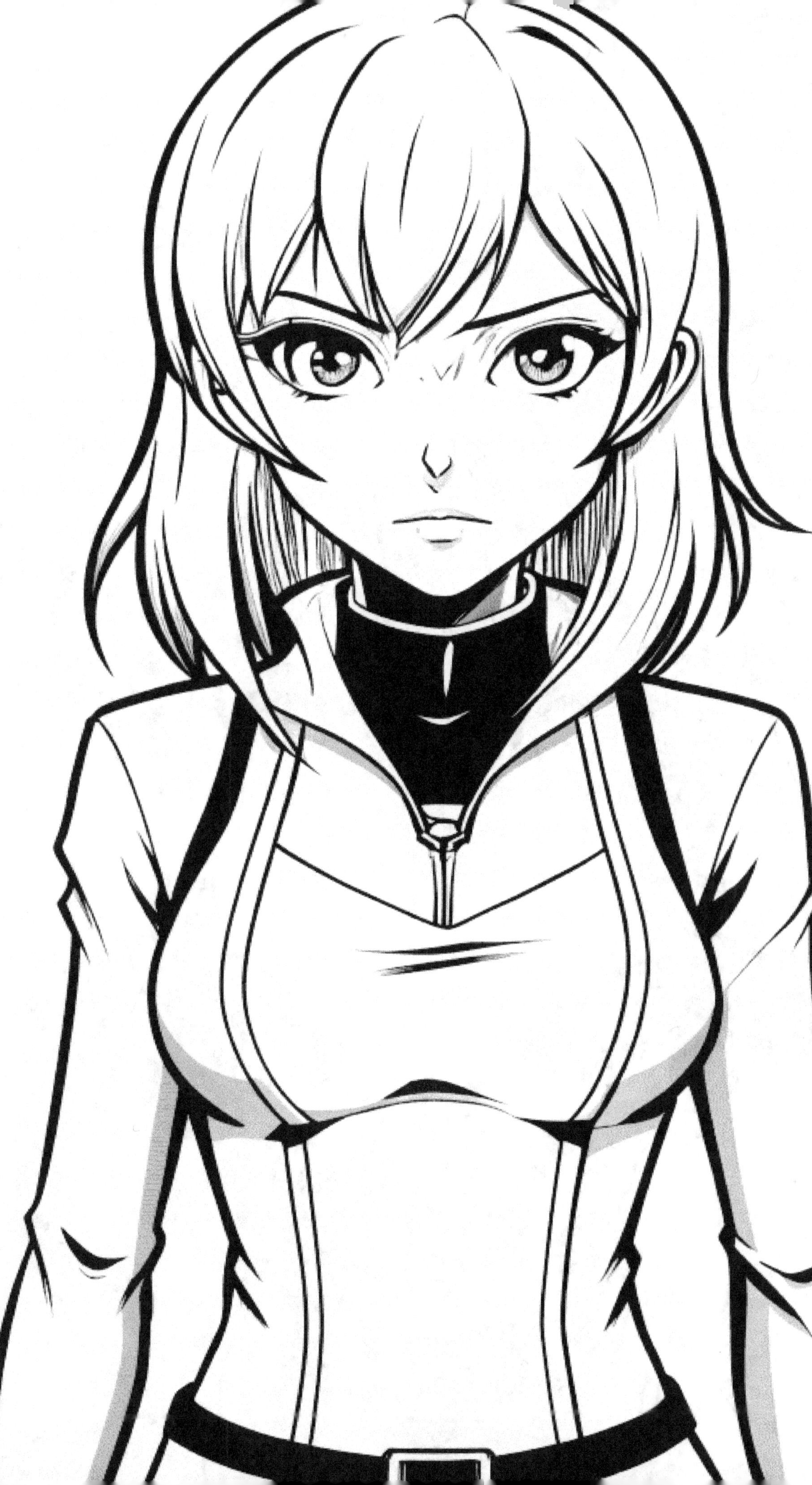

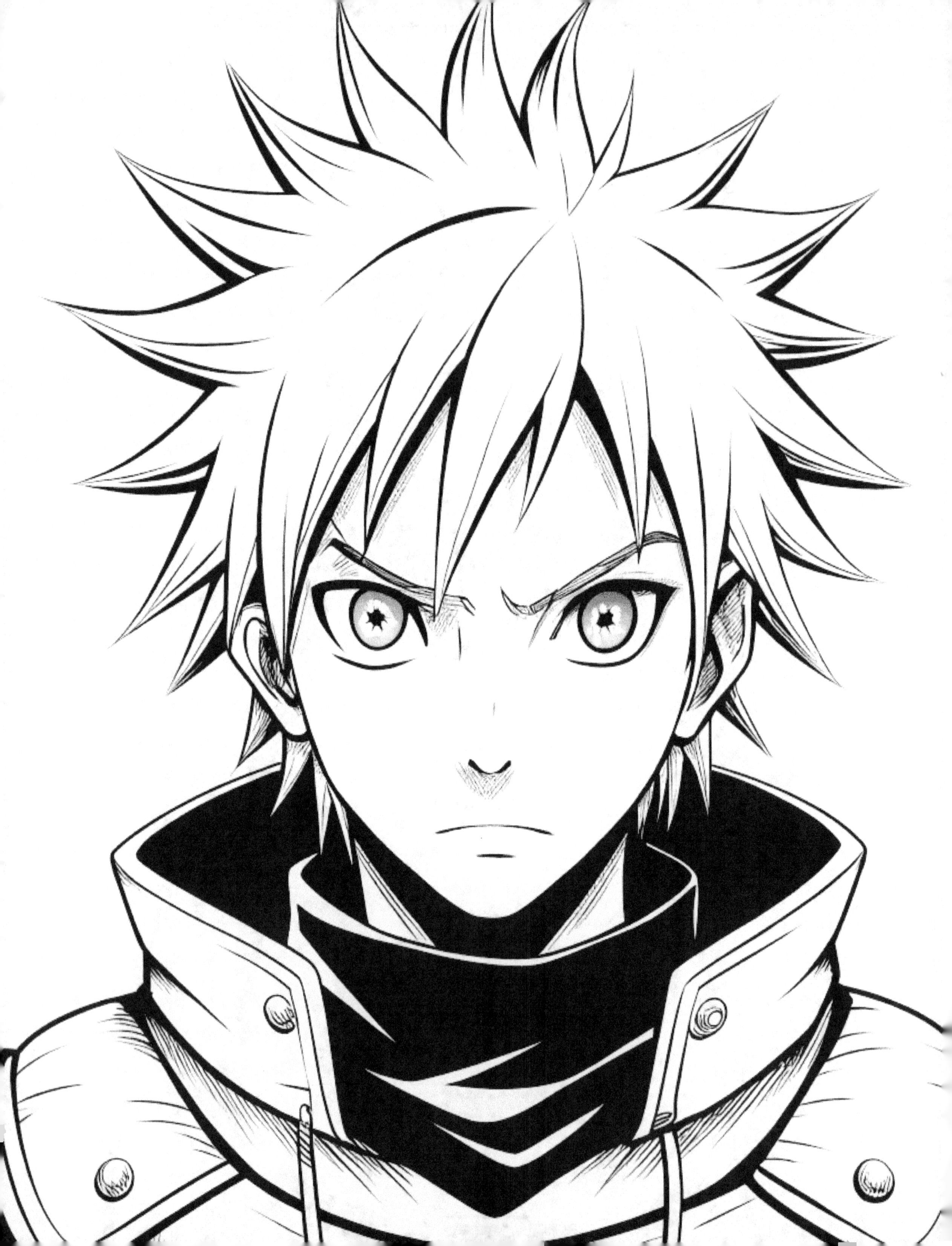

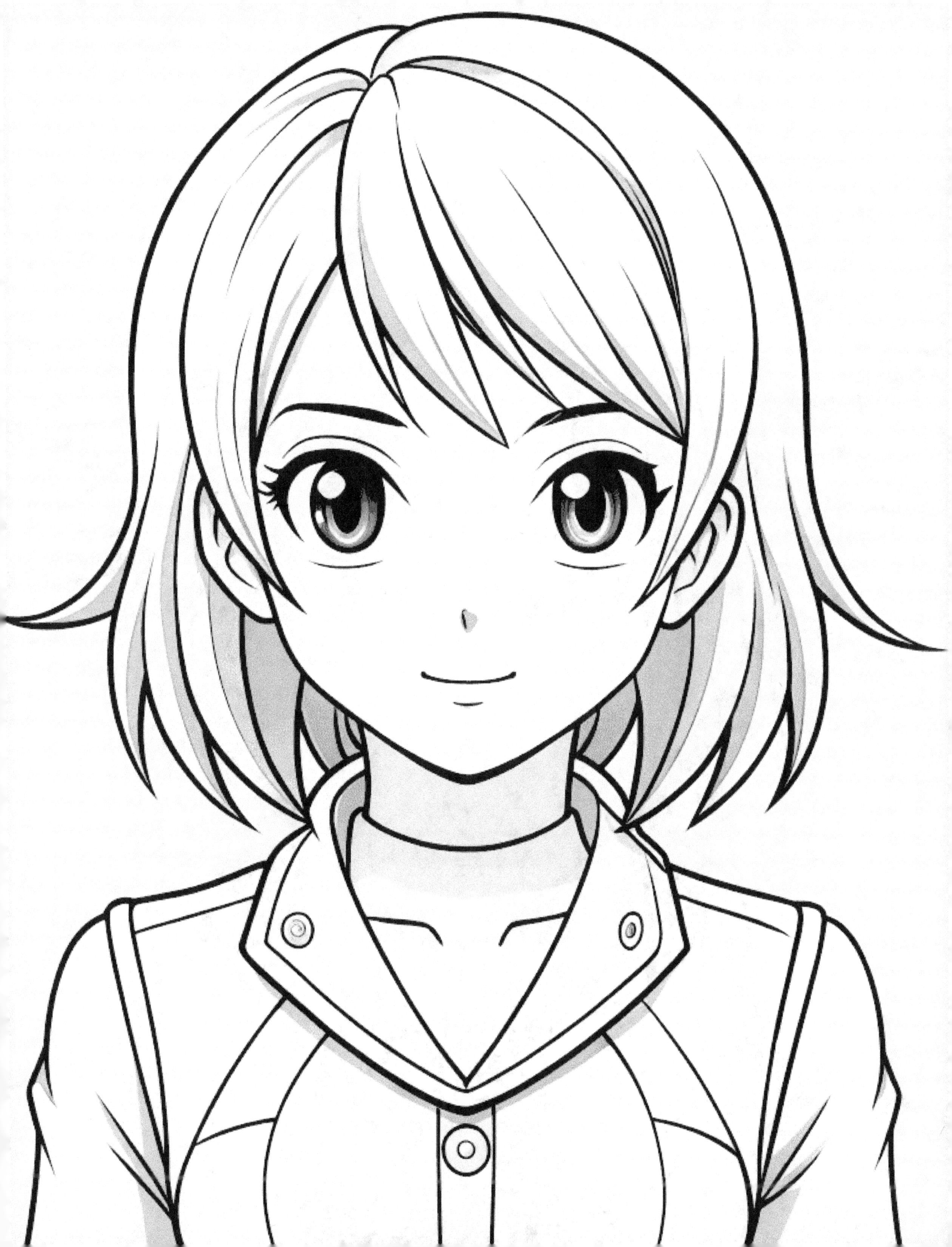

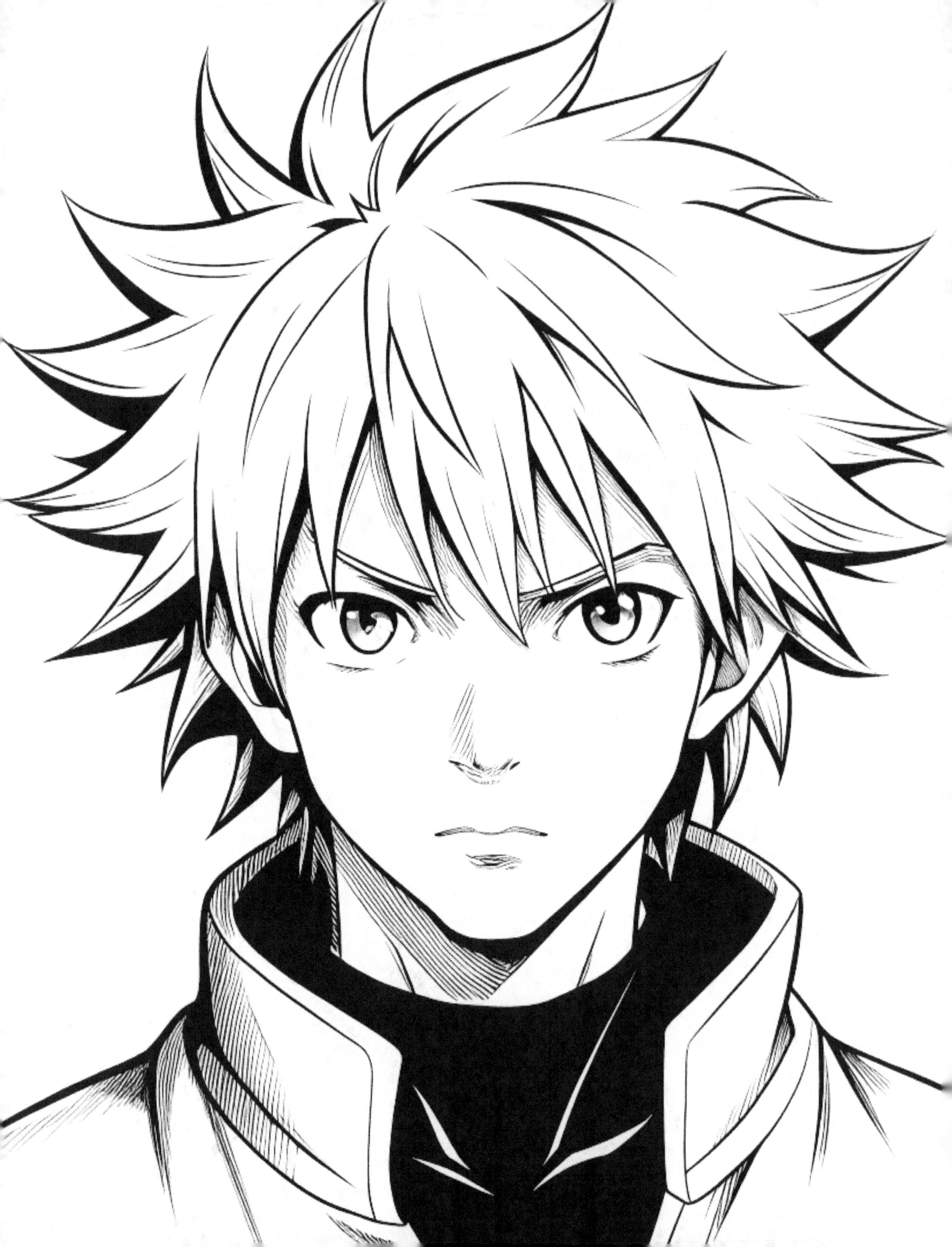

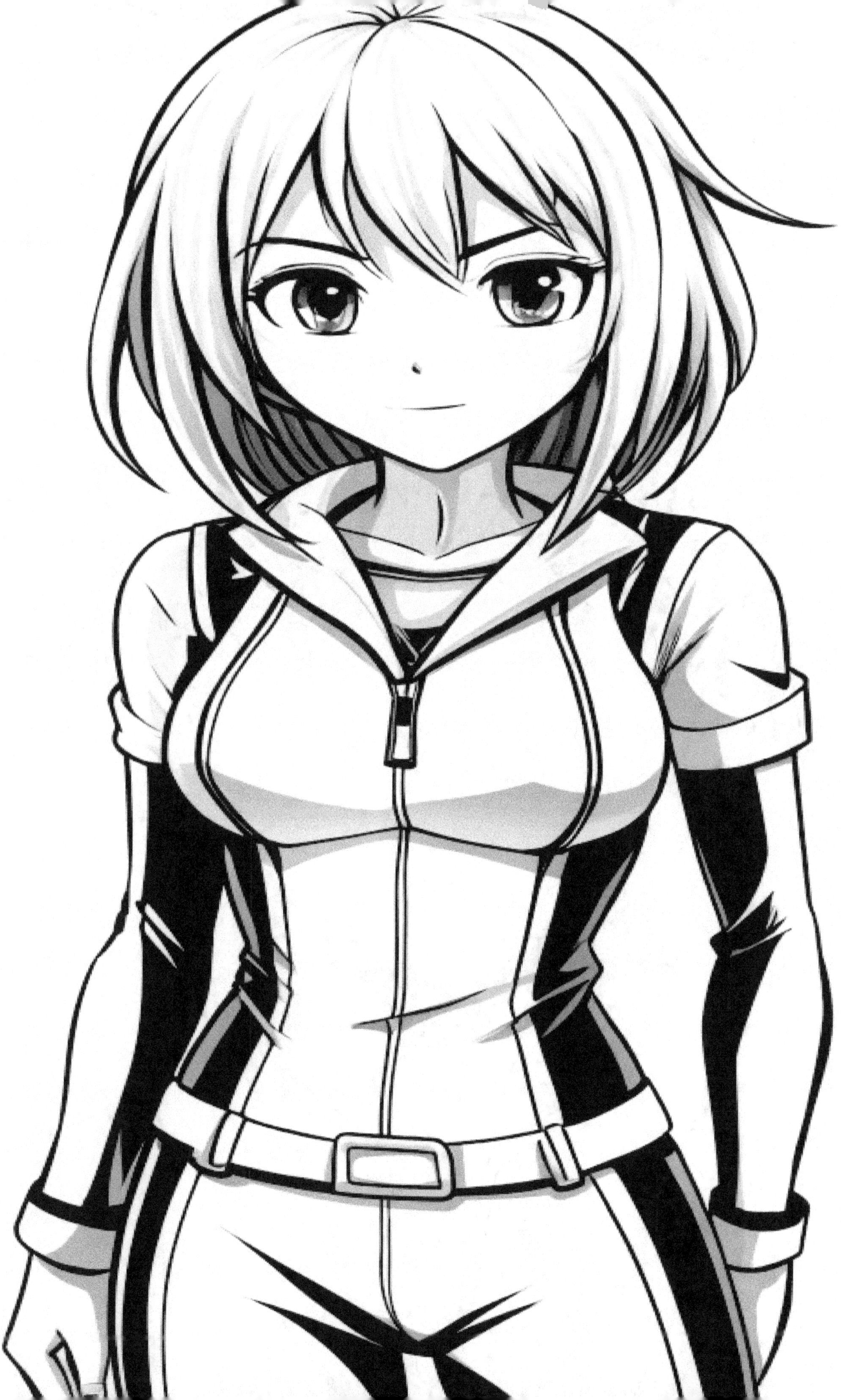

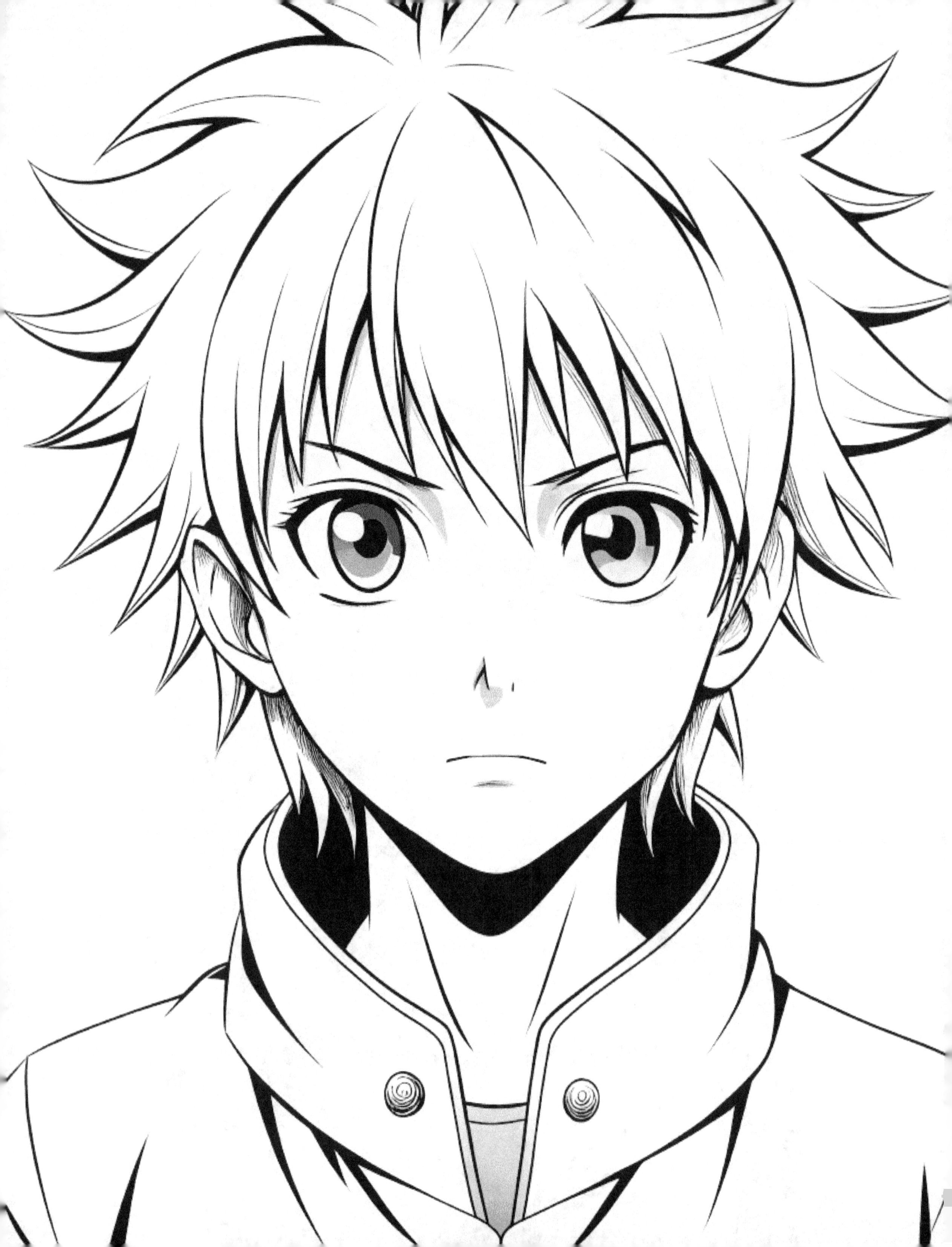

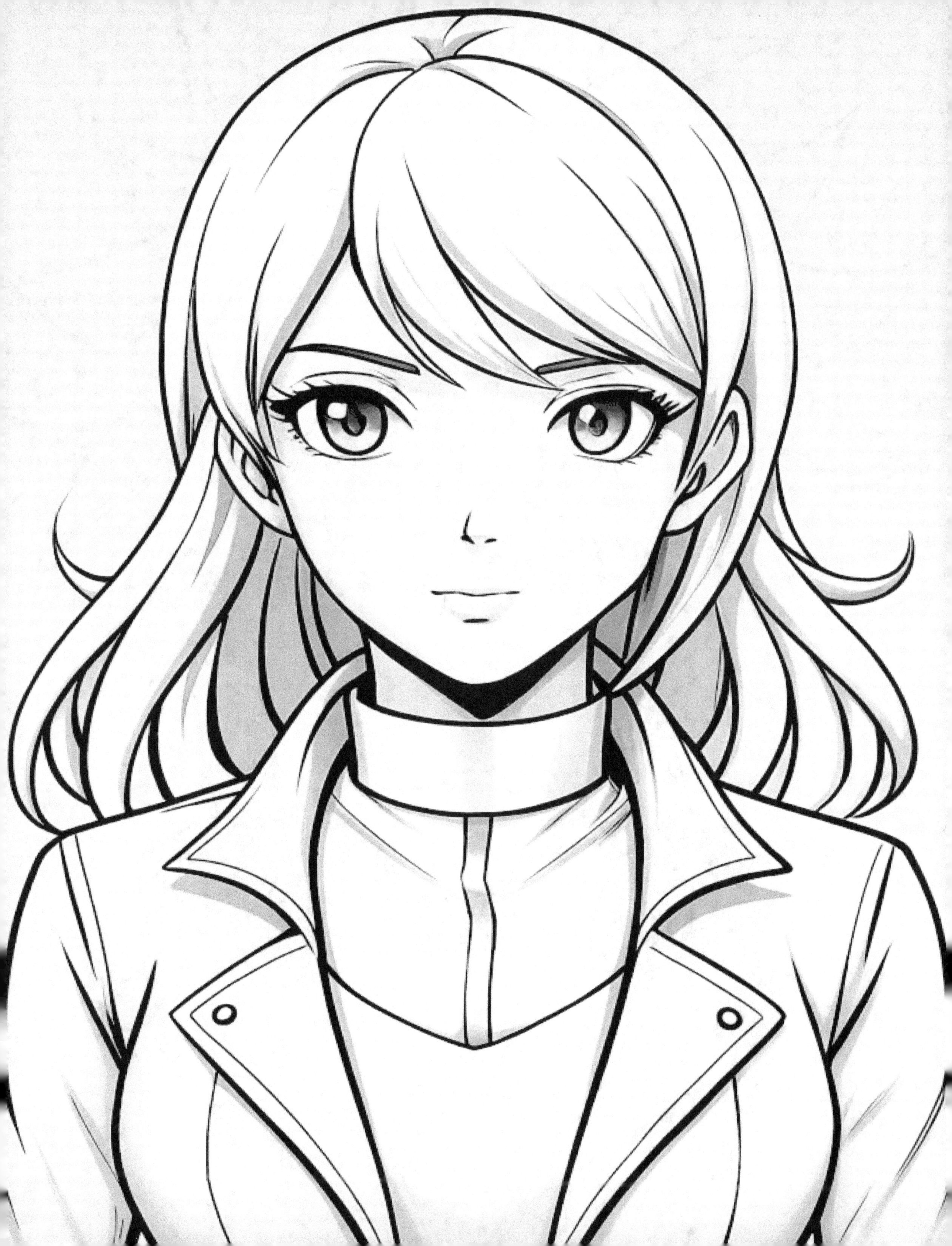

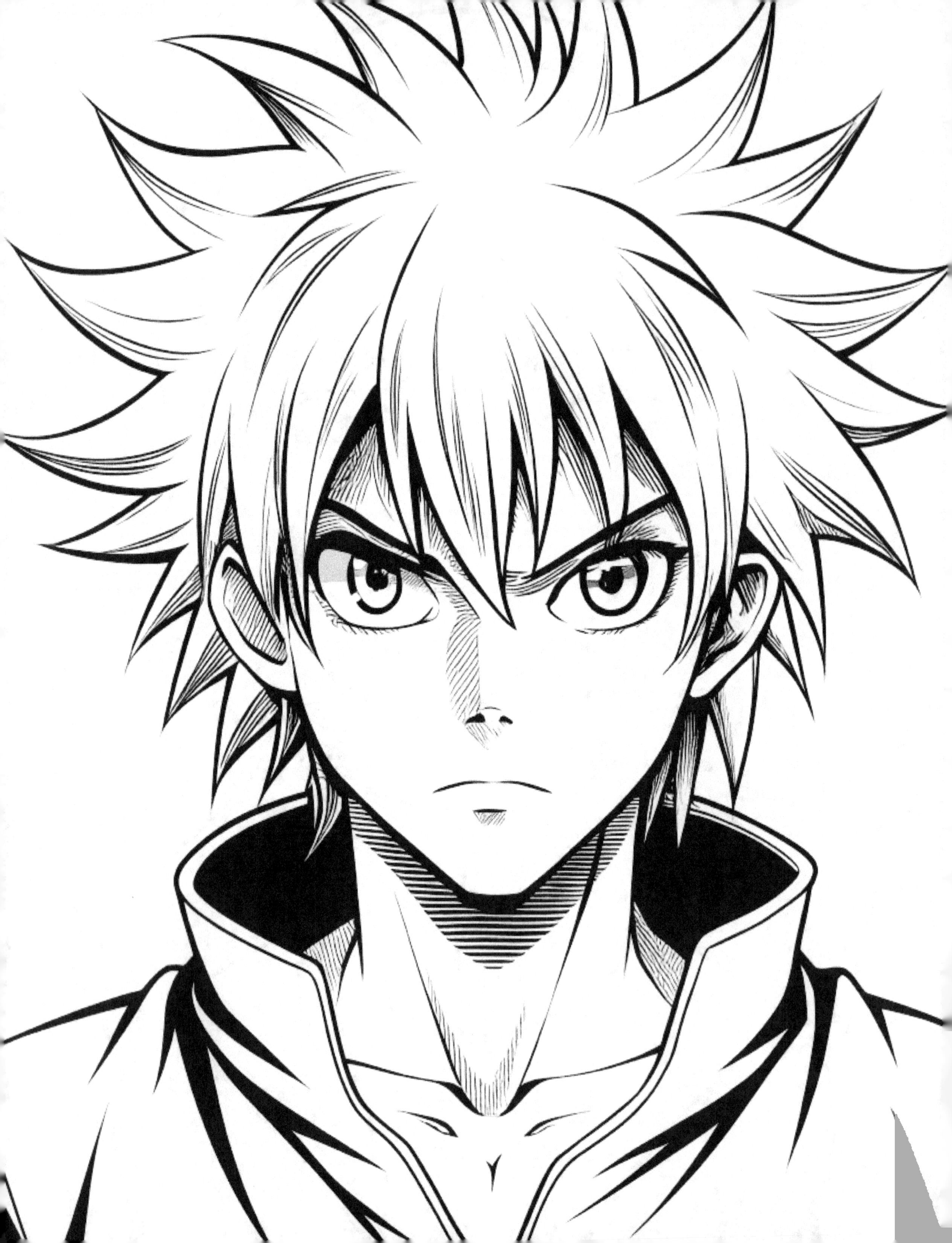

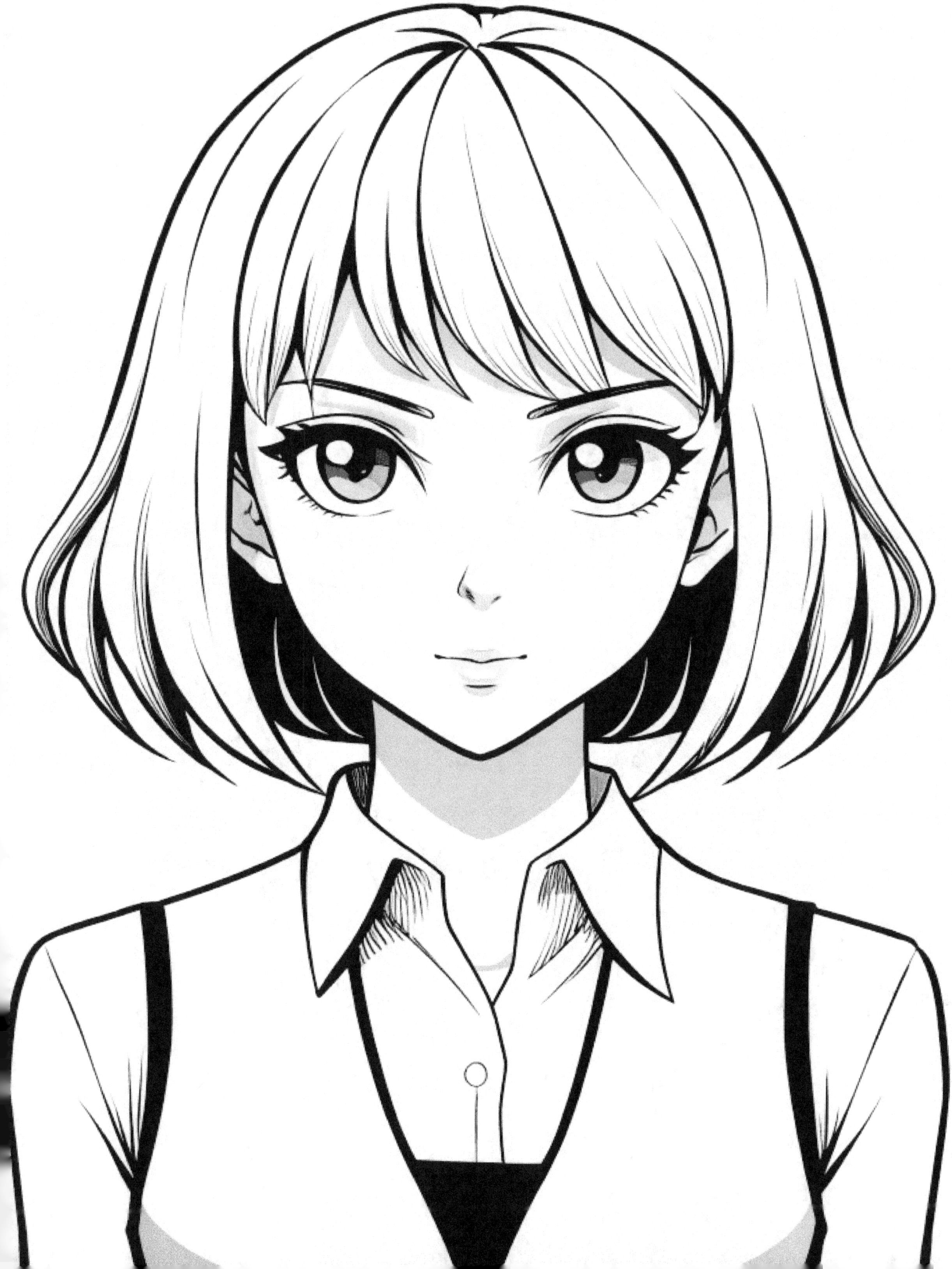

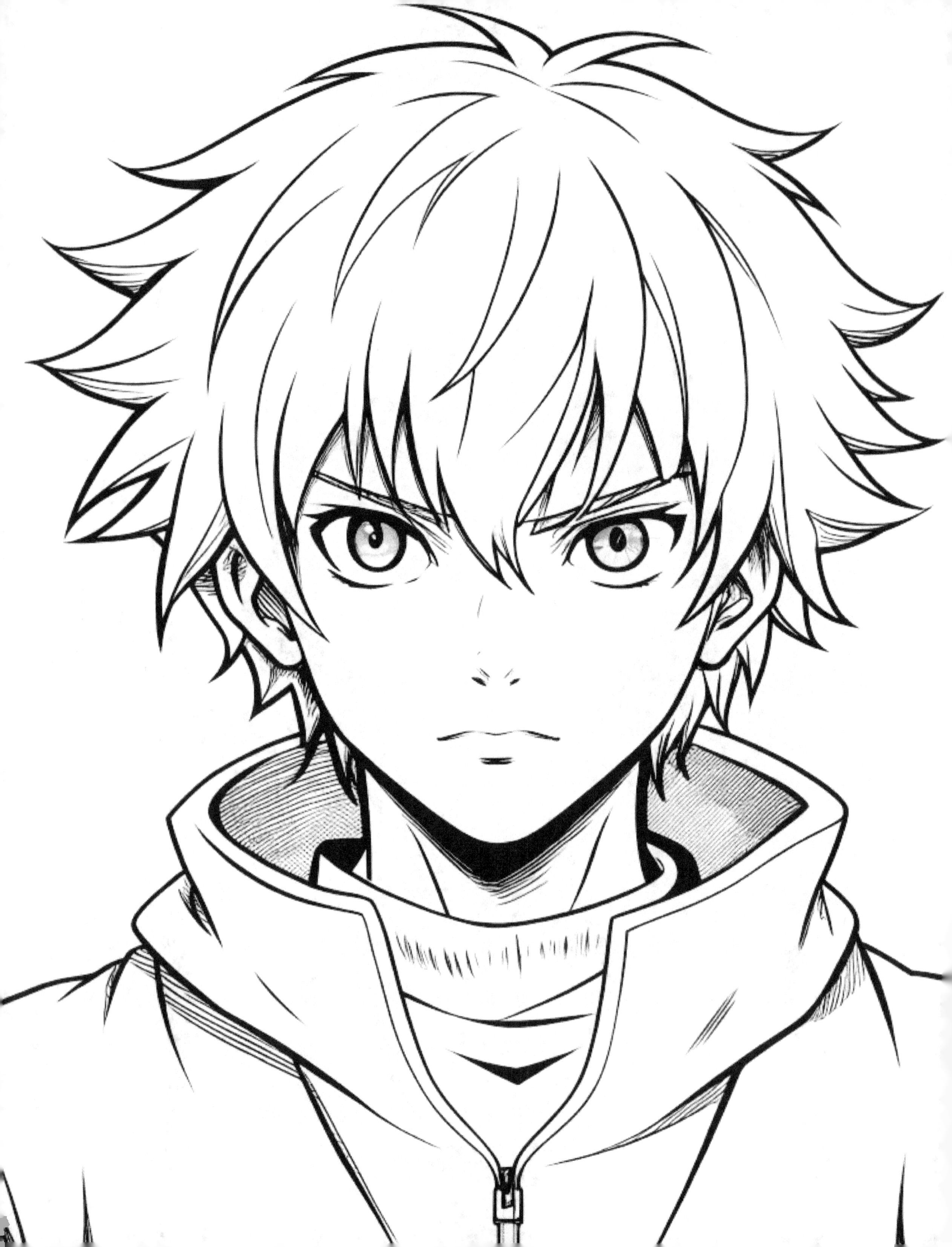

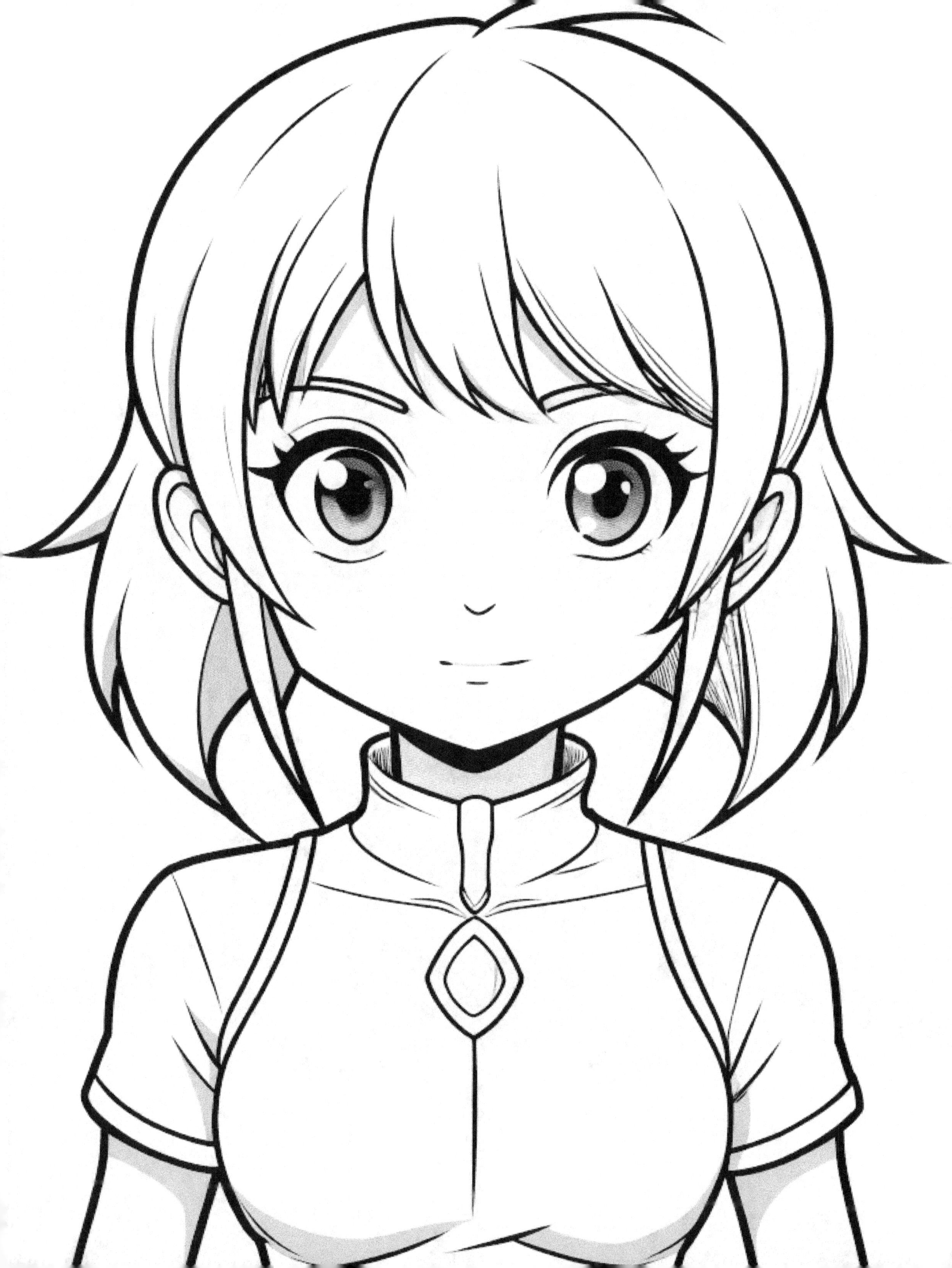

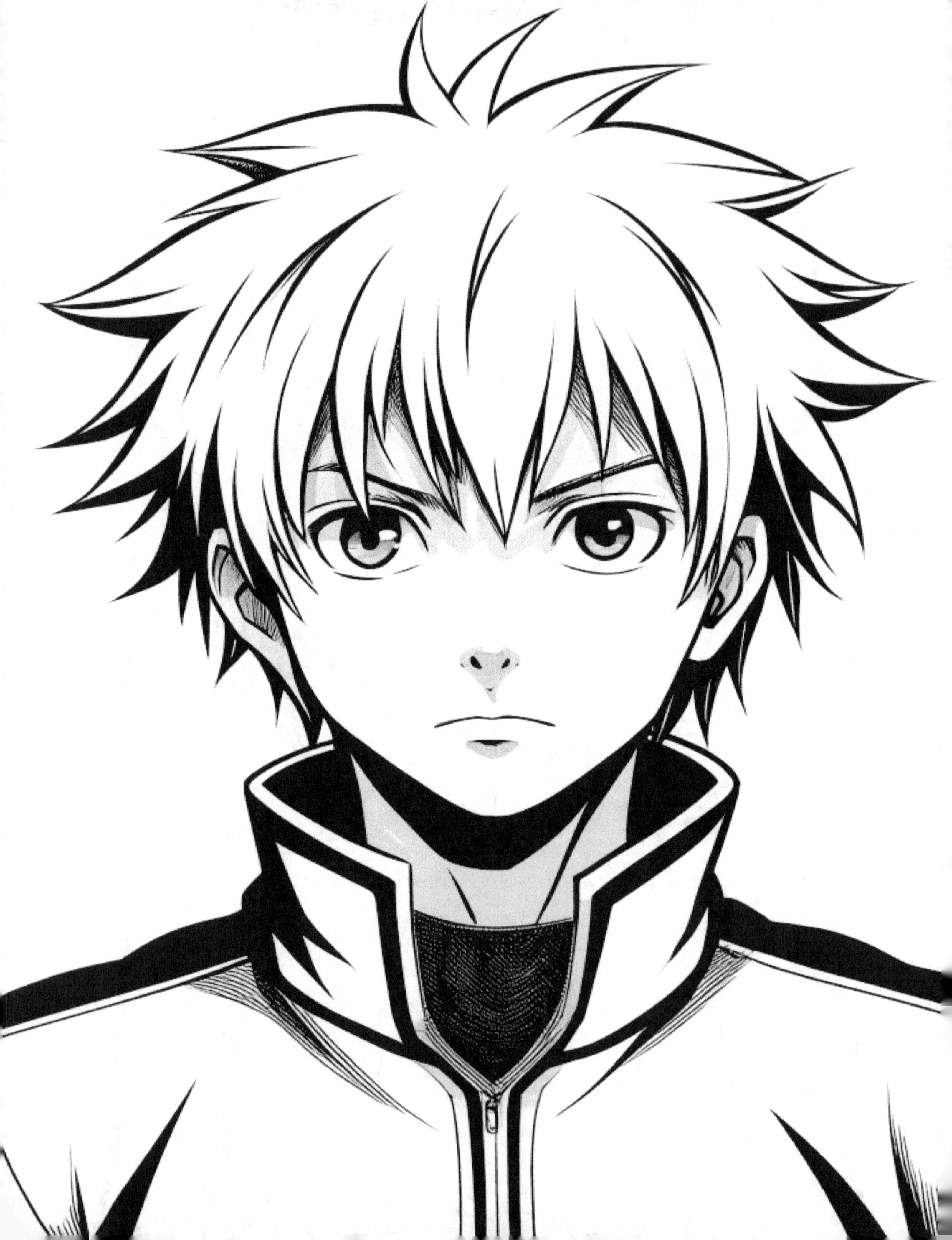

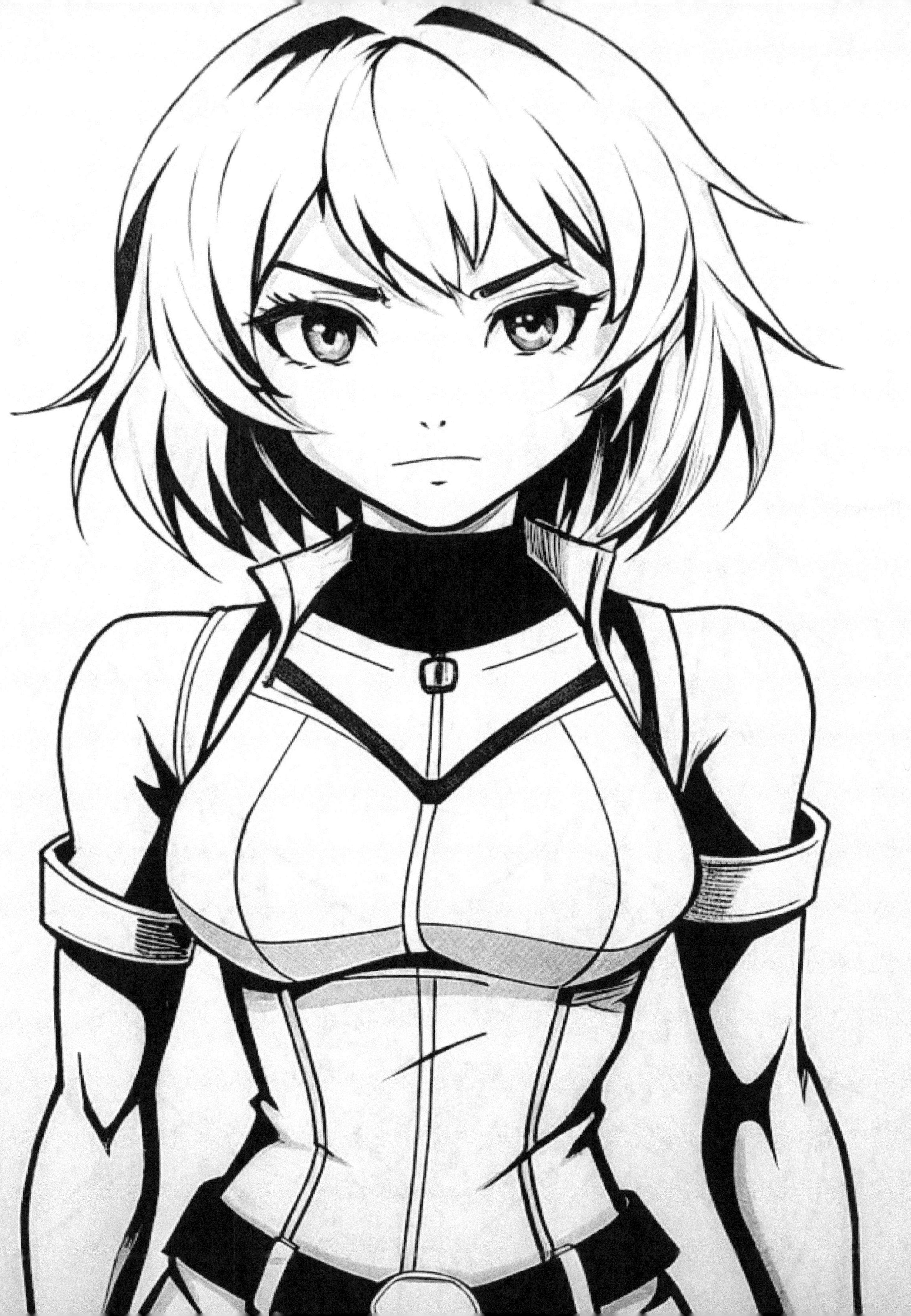

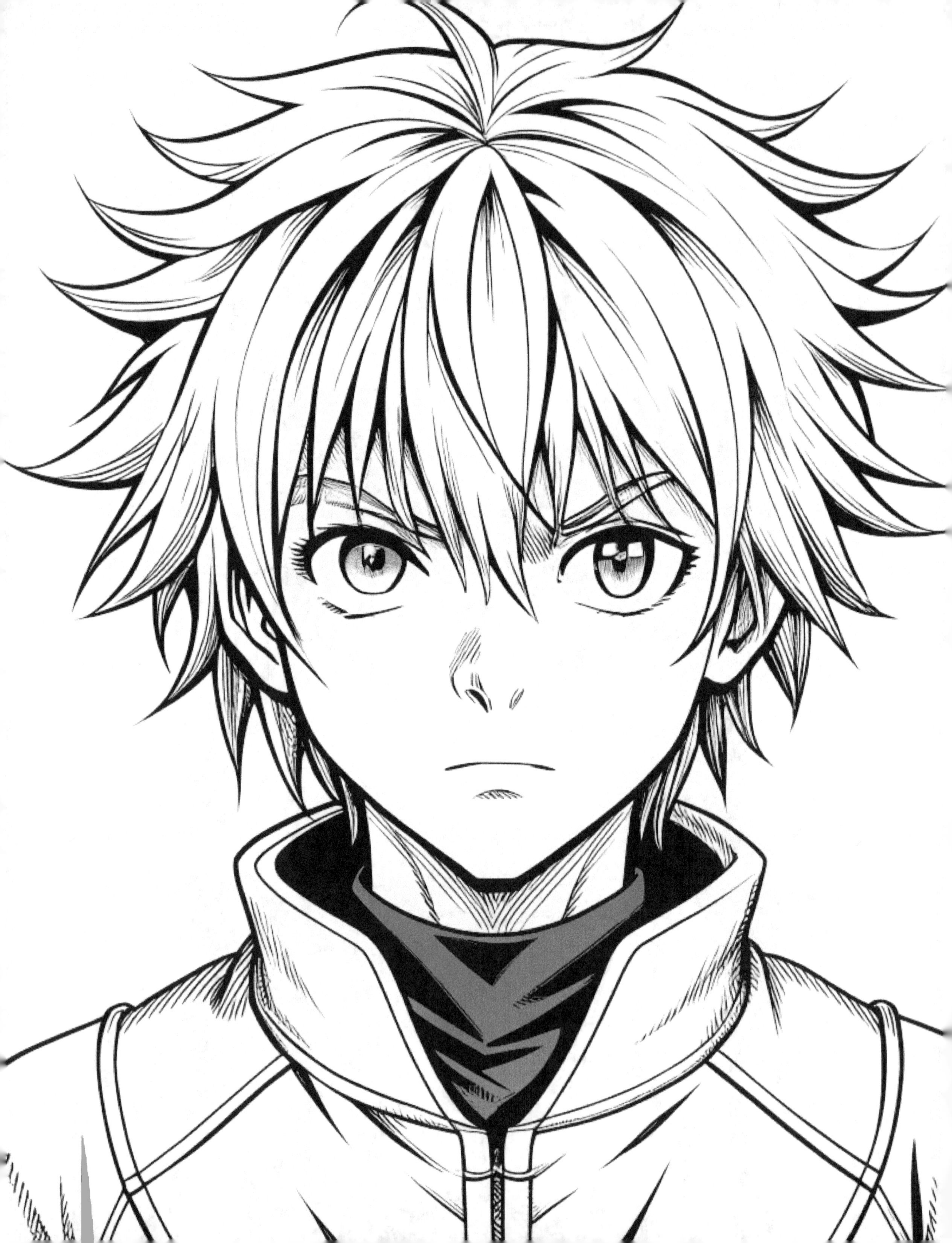

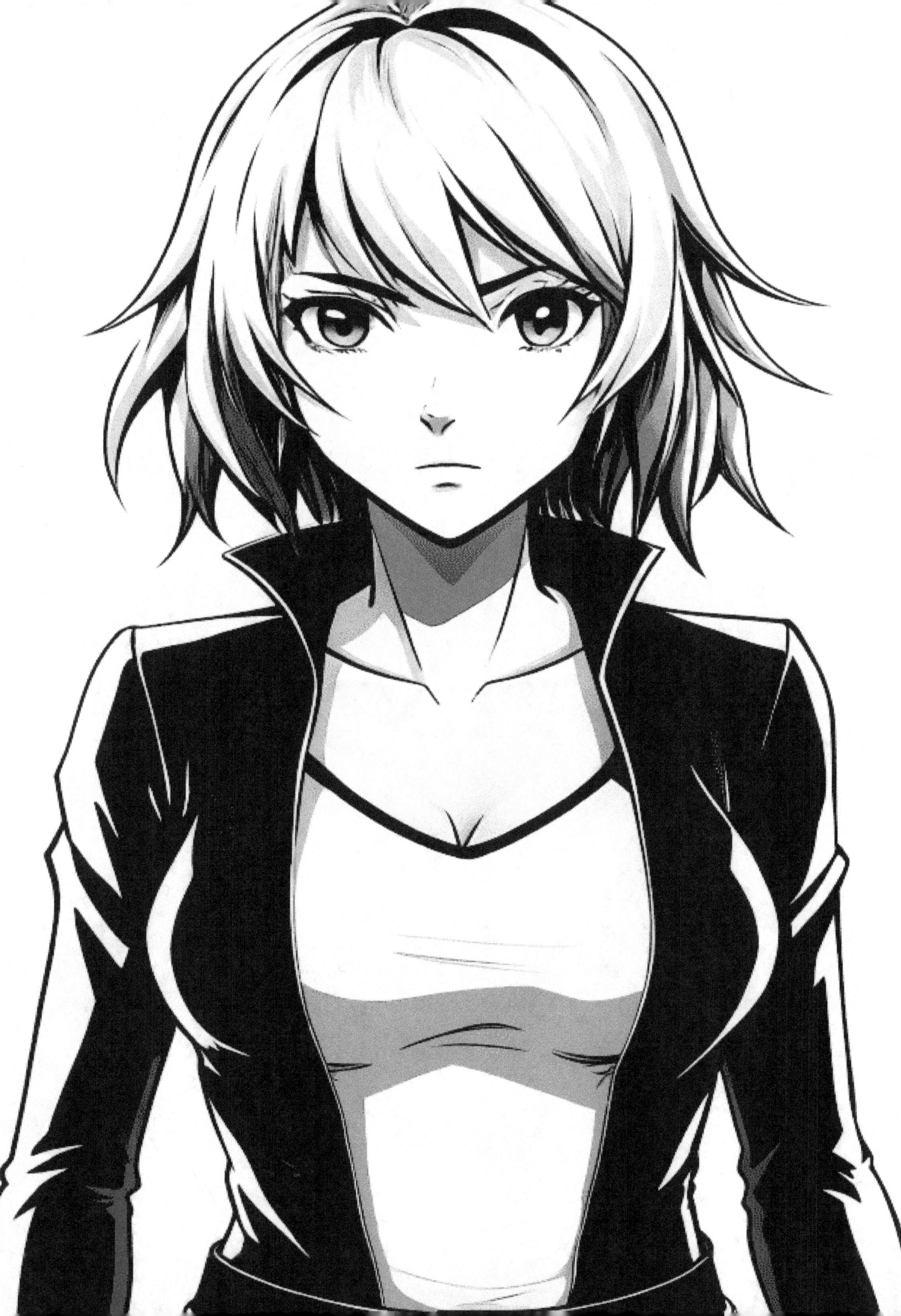

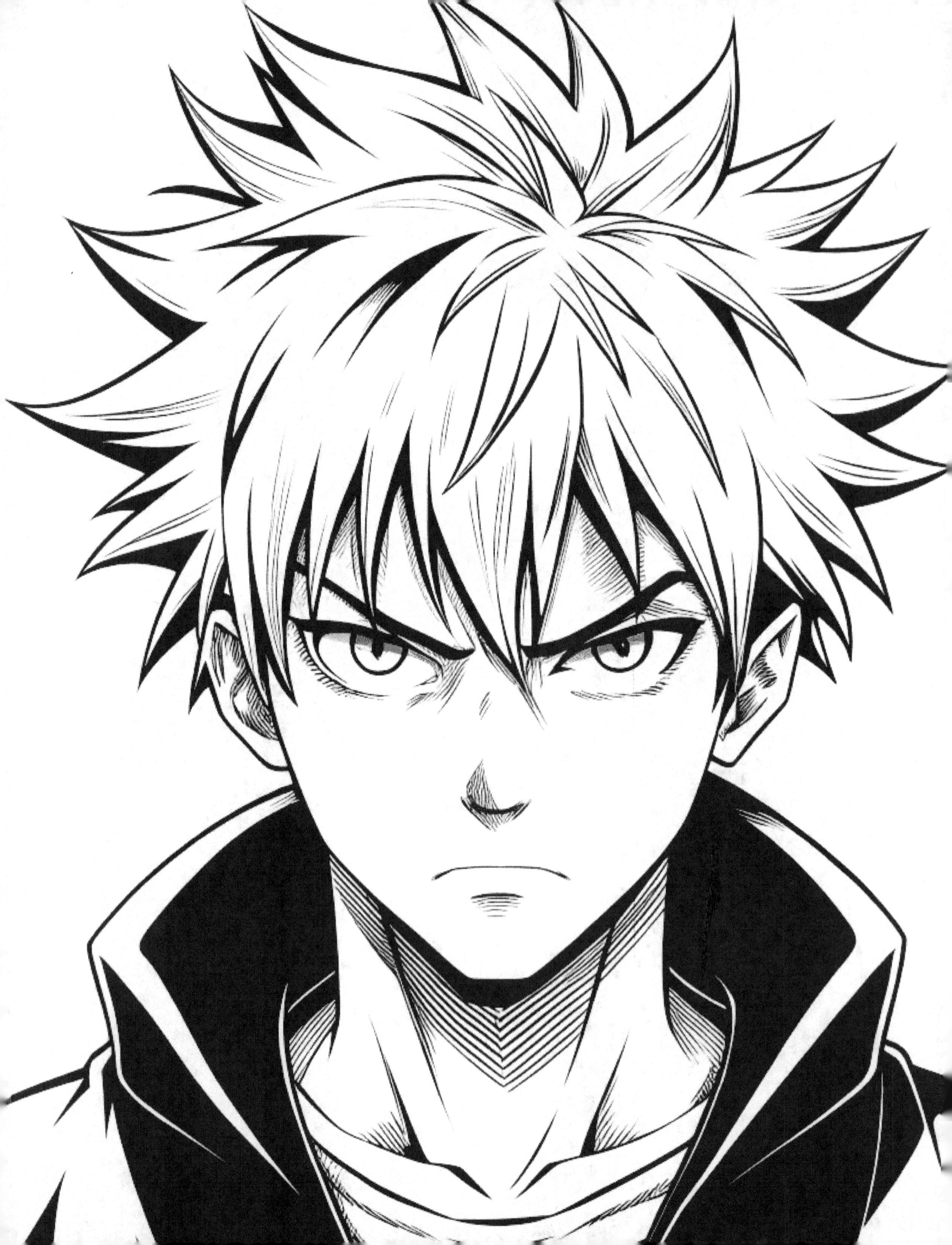

www.ingramcontent.com/pod-product-compliance
Lightning Source LLC
Chambersburg PA
CBHW081022240526
45471CB00018B/3950
* 9 7 9 8 3 2 2 1 5 7 7 2 4 *